Ortografía correcta
de la lengua española

Escuela de Idiomas De Vecchi

ORTOGRAFÍA CORRECTA DE LA LENGUA ESPAÑOLA

A pesar de haber puesto el máximo cuidado en la redacción de esta obra, el autor o el editor no pueden en modo alguno responsabilizarse por las informaciones (fórmulas, recetas, técnicas, etc.) vertidas en el texto. Se aconseja, en el caso de problemas específicos —a menudo únicos— de cada lector en particular, que se consulte con una persona cualificada para obtener las informaciones más completas, más exactas y lo más actualizadas posible. EDITORIAL DE VECCHI, S. A. U.

De Vecchi Ediciones participa en la plataforma digital **zonaebooks.com**
Desde su página web (www.zonaebooks.com) podrá descargarse todas las obras de nuestro catálogo disponibles en este formato.

© Editorial De Vecchi, S. A. 2019
© [2019] Confidential Concepts International Ltd., Ireland
Subsidiary company of Confidential Concepts Inc, USA
ISBN: 978-1-64461-386-3

El Código Penal vigente dispone: «Será castigado con la pena de prisión de seis meses a dos años o de multa de seis a veinticuatro meses quien, con ánimo de lucro y en perjuicio de tercero, reproduzca, plagie, distribuya o comunique públicamente, en todo o en parte, una obra literaria, artística o científica, o su transformación, interpretación o ejecución artística fijada en cualquier tipo de soporte o comunicada a través de cualquier medio, sin la autorización de los titulares de los correspondientes derechos de propiedad intelectual o de sus cesionarios. La misma pena se impondrá a quien intencionadamente importe, exporte o almacene ejemplares de dichas obras o producciones o ejecuciones sin la referida autorización». (Artículo 270)

Índice

Introducción. 7

Ortografía de algunas letras 9
Uso de *b, v, w* 9
Uso de *c, k, q, z* 13
Uso de *g, j* 16
Uso de *h* 18
Uso de *i, y, ll* 19
Uso de *m* 21
Uso de *r* y del dígrafo *rr* 22
Uso de *x* 23

Acentuación 25
Reglas generales de acentuación 26
Diptongos 27
Triptongos 28
Hiatos 28
Acentuación de los monosílabos 29
Tilde diacrítica 29
Acentuación de palabras compuestas 33
Acentuación de latinismos y extranjerismos 33

PUNTUACIÓN	35
El punto	36
La coma	38
El punto y coma	44
Los dos puntos	45
Los puntos suspensivos	47
Los signos de interrogación y de exclamación	49
Los paréntesis	51
Los corchetes	54
La raya	55
Las comillas	58
Signos auxiliares	61
División de palabras al final de línea	64
MAYÚSCULAS	67
Palabras o frases enteras en mayúsculas	67
Inicial mayúscula	68
Empleo expresivo de la mayúscula	72

ANEXOS

PALABRAS QUE SIEMPRE SE ESCRIBEN JUNTAS	75
PALABRAS QUE SIEMPRE SE ESCRIBEN SEPARADAS	79
PALABRAS DE DUDOSA ORTOGRAFÍA	81
ADJETIVOS NUMERALES	85
PALABRAS QUE ALTERAN SU SIGNIFICADO SEGÚN SE ESCRIBAN JUNTAS O SEPARADAS	89
HOMÓNIMOS Y PARÓNIMOS	91

Introducción

Comunicarse, hablar o escribir para que nos entiendan puede resultar fácil; sin embargo, hacerlo con propiedad requiere un mayor interés por parte del hablante. No se trata de un profundo conocimiento filológico, sino más bien de la concienciación sobre la importancia y el valor del hecho lingüístico. La lengua es nuestro principal y más rico medio de comunicación, y conviene cuidarlo, no solo por un afán puramente intelectual, sino porque el conocimiento y cuidado de la lengua nos aporta beneficios, supone un reconocido prestigio social, nos confiere mayor seguridad en el momento de expresarnos públicamente o redactar un escrito, facilita la comunicación e, incluso, favorece el acceso a un puesto de trabajo.

Muchos hablantes consideran la ortografía un hueso duro de roer e, incluso, dudan de la necesidad de su existencia. En nuestra lengua no se cumple el ideal de que a cada letra le corresponda un fonema (solo uno), y viceversa (aunque, en este sentido, el español es una de las lenguas que más se aproxima); y esto genera las principales dudas ortográficas. No obstante, saber cómo se escriben correctamente las palabras resulta imprescindible para comprender el discurso. Por eso hemos creído oportuna la redacción de un libro práctico y de fácil consulta que explique las principales normas de ortografía de la lengua castellana. Esta herramienta, complementada con la utilización de una gramática, le ayudará a conseguir un estilo más personalizado, correcto y eficaz en la redacción de sus escritos.

*El signo * situado delante de un ejemplo indica que su formulación es incorrecta.*

Ortografía de algunas letras

Como hemos dicho, el español es una de las lenguas que más correspondencia presenta entre la pronunciación de las palabras y la manera de escribirlas; aun así, existen divergencias, debidas a la evolución de la lengua u otros motivos, que conviene conocer, la mayoría de las cuales afectan al sistema consonántico.

Uso de *b*, *v*, *w*

En el español actual las letras *b* y *v* representan el mismo fonema labial sordo de *barco*, *abuelo*, *venda* o *vino*, lo cual origina dificultades a la hora de su escritura.

Se escriben con *b*

- Las palabras que empiezan por las sílabas *bu-*, *bur-* y *bus-*, excepto *vudú* y sus derivados: *butano*, *burbuja*, *búsqueda*.

- Las que empiezan por *bien* o su forma latina *bene*: *bienintencionado*, *bienvenido*, *benéfico*, *benévolo*.

- Las palabras acabadas en *-bilidad*: *accesibilidad, compatibilidad, sensibilidad*. Constituyen dos excepciones *movilidad* y *civilidad*, así como sus compuestos.

- Las acabadas en *-bundo* y *-bunda*: *nauseabundo, vagabundo, tremebunda, abunda*.

- Las palabras que contienen los siguientes elementos compositivos:

— *biblio-*, que significa 'libro': *bibliografía, biblioteca*;
— *bi-, bis-, biz-*, que significan 'dos' o 'dos veces': *bisílaba, bisabuelo, bizco*;
— *bio-, -bio*, que significa 'vida': *biología, biodiversidad, anfibio, microbio*.

- Los verbos terminados en *-bir* o *-buir*: *describir, prohibir, subir, atribuir, distribuir, imbuir*. Son excepciones: *hervir, servir, vivir* y sus compuestos.

- Los verbos *beber, caber, deber, haber* y *saber*: *bebo, cabían, debes, habríamos, sabe*.

- Las terminaciones *-aba, -abas, -ábamos, -abais* y *-aban* del pretérito imperfecto de indicativo de los verbos de la primera conjugación (*-ar*): *pensaba, contabas, acabábamos, pescabais, saltaban*.

- El pretérito perfecto de indicativo del verbo *ir*: *iba, ibas*...

- Se escribe *b* delante de cualquier consonante, excepto en el caso de *ovni*: *abstracto, amable, subjetivo, brújula, abdicar, obvio, ablandar*.

- O cuando el sonido de *b* se encuentra a final de palabra: *club, esnob, web, nabab.* Constituyen excepciones: *leitmotiv, lev, molotov.*

Se escriben con *v*

- Las palabras que empiezan por *eva-, eve-, evi-* y *evo-*: *evangelio, evento, evidenciar, evocación.* Son excepciones *ébano,* y sus derivados, *ebionita, ebonita* y *eborario.*

- Las que empiezan por el elemento compositivo *vice-, viz-* o *vi-*, que significa 'en lugar de': *vicerrector, viceversa, vizconde, virreino.*

- Los adjetivos terminados en *-ava, -avo, -eva, -eve, -evo, -iva, -ivo*: *brava, eslavo, longeva, seminuevo, leve, abusiva, exclusivo.* Constituyen excepciones las palabras *suabo* y *mancebo* (en la actualidad se usa como sustantivo).

- Las palabras terminadas en *-viro, -vira*: *triunviro, vira, Elvira.*

- Y las terminadas en *-ívoro, -ívora,* excepto *víbora*: *carnívoro, herbívoro, omnívora, piscívora.*

- Los verbos acabados en *-ervar* y *-olver,* excepto *desherbar* y *exacerbar*: *conservar, observar, volver, resolver.*

- Se escribe *v* después de las consonantes *b, d* y *n*: *subversivo, obviedad, advenedizo, adverbio, enviar, invasión.*

- Los presentes de indicativo, imperativo y subjuntivo del verbo *ir*: *voy, ve, vaya.*

- El pretérito perfecto simple de indicativo y el pretérito imperfecto y el futuro de subjuntivo de *estar, andar, tener* y sus compuestos: *estuve, estuviera, estuviere; anduve, desanduviera, anduviere; tuve, retuviste, sostuviera, contuviésemos, mantuvieren.*

Homófonos con *b/v*

acerbo	amargo	*acervo*	montón de cosas menudas, conjunto de bienes
albino	falto de pigmento	*alvino*	del bajo vientre
baca	portaequipaje	*vaca*	hembra del toro
bacante	mujer que participa en bacanales	*vacante*	que está sin ocupar
bacía	vasija para afeitar	*vacía*	sin contenido
bacilo	microbio	*vacilo*	del verbo *vacilar*
balar	dar balidos	*valar*	relativo al vallado
bale	del verbo *balar*	*vale*	documento; del verbo *valer*
balón	pelota	*valón*	belga
bario	metal	*vario*	diverso
barita	óxido de bario	*varita*	vara pequeña
barón	título nobiliario	*varón*	hombre
basca	náusea	*vasca*	del País Vasco
basto	burdo; palo de la baraja	*vasto*	extenso
bate	del verbo *batir*; palo que se usa en algunos deportes	*vate*	poeta
baya	fruto	*vaya*	del verbo *ir*
bello	hermoso	*vello*	pelo
bienes	patrimonio	*vienes*	del verbo *venir*
botar	arrojar con violencia; lanzar al agua un buque	*votar*	dar el voto
cabe	del verbo *caber*	*cave*	del verbo *cavar*
combino	del verbo *combinar*	*convino*	del verbo *convenir*
grabar	esculpir; imprimir; registrar imágenes o sonidos	*gravar*	imponer tributos u obligaciones

óbolo	donativo	óvolo	adorno en forma de huevo
rebelarse	sublevarse	revelarse	manifestarse
ribera	orilla del río	rivera	arroyo
sabia	con sabiduría	savia	jugo vegetal
silba	del verbo silbar	silva	composición poética
tubo	cilindro hueco	tuvo	del verbo tener

Se escriben con w

La letra w se utiliza para escribir palabras de origen extranjero y se puede pronunciar de dos maneras diferentes:

— con un sonido parecido al de la u: *whisky, hawaiano, washingtoniano*;
— como el fonema labial sonoro de b/v: *wagneriano, kuwaití, Wamba*.

Algunas palabras con w se han adaptado a la pronunciación española y la letra w ha sido sustituida por la v (*vagón, vatio*) o la b (*bismuto*), o bien se han generado dobletes: *kiwi/quivi, watt/vatio, wolframio/volframio*.

Uso de *c, k, q, z*

El fonema oclusivo velar sordo de *cantar, quilo* y *kárate* se representa gráficamente con las letras c (*cama, cráter, bistec*), k (*kilómetro, kril, yak*) o el dígrafo qu (*querer, quinto*). El fonema fricativo interdental sordo de *zancada, cero* y *cine* se representa gráficamente con las letras z (*zapato*) o c (*cena*). Existen zonas geográficas en que se pronuncian la z y la c ante e, i con el sonido de s; este fenómeno se conoce como seseo.

Letra c

- La letra c representa el fonema oclusivo velar sordo:

— delante de las vocales *a, o, u*: *casa, coche, cueva*;
— delante de consonante: *cromo, clavo*, excepto en el caso de algunos extranjerismos como *kril*;
— en posición final de sílaba: *acné, afecto, factoría*;
— en final de palabra: *bloc, coñac, frac, tic*; constituyen excepciones las siguientes voces: *amok, anorak, bock, yak, cok, quark* y *volapuk*.

- La letra c representa el fonema fricativo interdental sordo (el que coincide con el sonido que representa la *z*) delante de las vocales *e, i*: *cesto, cebar, ciencia, cima*. No obstante, existen muchas voces, en general de origen culto o extranjero, que constituyen excepciones a esta norma: *azerbaiyano, azerí, enzima* ('fermento'), *nazi, zen, zepelín, zigurat, zigzag, zipizape, ziszás*... Existen casos, además, de dobletes, es decir, palabras que se han adaptado a la ortografía española y pueden escribirse tanto con *c* como con *z*: *ácimo/ázimo, bencina/benzina, cigoto/zigoto, cinc/zinc, cíngaro/zíngaro, eccema/eczema*, etc.

Letra *k*

La letra *k* representa el fonema oclusivo velar sordo de *kilo* y se utiliza delante de vocal *(kárate, sake, kilómetro)*, ante consonante *(kril)* y en posición final de palabra *(yak)*. Se escriben con *k* muchos extranjerismos: *anorak, búnker, eureka, aikido, kárate* o *karate, karma, kayak, kelvin, kiwi, koala, kit, lendakari, párkinson, sake, vikingo*... Algunas de estas voces pueden escribirse también con *qu* o *c*, como en el caso de *bikini/biquini, kermés/quermés, kimono/quimono, kiosco/quiosco, koiné/coiné* o *kurdo/curdo*.

Letra *q*

La letra *q* aparece agrupada siempre con la vocal *u* (que en este caso no se pronuncia) delante de *e, i*: *querer, aquí, quinto*.

Además, existen casos en que se escribe *qu* delante de *a* y *o* (entonces la *u* sí se pronuncia); son latinismos y voces científicas como *quórum, statu quo, quásar, quid pro quo*.

Letra *z*

La letra *z* representa el fonema fricativo interdental sordo y se escribe:

— delante de *a, o, u*: *zancada, zorro, zueco*;
— en posición final de palabra: *juez, paz, luz*;
— delante de *c* (*-zc-*) en algunas formas de verbos irregulares terminados en *-acer* (excepto *hacer* y sus derivados), *-ecer, -ocer* (excepto *cocer* y sus derivados) y *-ucir*: *complazco, aparezcan, conozco, deduzca*.

Dígrafo *ch*

El dígrafo *ch* representa el fonema africado palatal sordo que se usa a principio de palabra (*chabola, chiste, chupete*) o entre vocales (*estrecho, noche*).

Uso de g, j

El fonema velar sonoro se plasma en la escritura con la letra g *(gama, engorro, guante, dignidad, grande)* o mediante el dígrafo gu *(gueto, guinda)*. Cuando es necesario pronunciar la *u* de la combinación g + u (en ese caso, pues, no se trata de un dígrafo), la *u* debe llevar diéresis: *pingüino*.

El fonema fricativo velar sordo se representa gráficamente con las letras j *(jarabe, jefe, jirafa, José, juicio)* o g *(gerundio, gitano)*.

Letra g

La letra g representa dos fonemas: el velar sonoro delante de *a, o, u (gacela, negocio, gusano)* y consonante *(desgracia, globo)* y el velar sordo delante de las vocales *e, i (género, regir)*.

Se escriben con *g*:

• Las palabras en que el fonema velar sonoro precede a una consonante: *gloria, gratinar, enigma, repugnante*.

• Las palabras que empiezan por gest-: *gestante, gestión, gesto*.

• El elemento compositivo geo- ('tierra'): *geología, geométrico*.

• Las palabras que terminan en:

— -gélico, -genario, -géneo, -génico, -genio, -génito, -gesimal, -gésimo y -gético: *evangélico, octogenario, heterogéneo,*

transgénico, primigenio, congénito, sexagesimal, vigésimo, energético;
— *-gente* y *-gencia* (salvo *majencia*): *ingente, intransigencia, urgencia;*
— *-gia, -gio, -gión* (excepto *ejión*), *-gional, -gionario, -gioso* y *-gírico*: *alergia, elogio, legión, regional, correligionario, contagioso, panegírico*. Son excepciones las voces que terminan en *-plejía* (*hemiplejía*) o *-plejia* (*tetraplejia*);
— *-giénico, -ginal, -gíneo, -ginoso*: *antihigiénico, marginal, virgíneo, vertiginoso;*
— *-ígeno, -ígena, -ígero, -ígera*: *cancerígeno, alienígena, flamígero, belígera;*
— *-logía, -gogia* o *-gogía*: *filología, demagogia, psicopedagogía;*
— *-algia* ('dolor'): *nostalgia, neuralgia.*

• Los verbos que terminan en *-igerar*, *-ger* y *-gir* (excepto *tejer, crujir* y sus derivados): *refrigerar, aligerar, proteger, coger, elegir, fingir*. Las formas verbales que contienen los sonidos *ja, jo* constituyen una excepción a esta regla: *emerge, corregía*, pero *emerja, corrijo*.

Letra *j*

La letra *j* siempre representa el mismo sonido, el fonema fricativo velar sordo de *joven, enjabonar* y *carcaj*, que precede a cualquier vocal o va a final de palabra.

Se escriben con *j*:

• Las formas verbales de los infinitivos terminados en *-jar*: *arrojo, arrojan* (de *arrojar*); *baje* (de *bajar*); *dibuje* (de *dibujar*). Y las de los verbos terminados en *-jer* y *-jir*: *cruje* (de *crujir*); *teje* (de *tejer*).

• Los verbos terminados en *-jear* (salvo *aspergear*): *ojear, flojear, masajear*.

• Algunas formas de los verbos *traer, decir* y sus derivados, y de los verbos terminados en *-ducir*: *trajeron* (de *traer*); *dijiste, dijera* (de *decir*); *maldijéramos* (de *maldecir*); *introdujera, introdujeren* (de *introducir*).

• Las palabras terminadas en *-aje, -eje*: *cortometraje, montaje, pillaje, rodaje*. Excepciones: *ambages, enálage, hipálage*.

• Las que terminan en *-jería*: *extranjería, relojería, mensajería*.

• Las que derivan de voces que llevan *j* delante de *a, o, u*: *brujería* (de *bruja*), *antojar* (de *antojo*), *agujeta* (de *aguja*).

Uso de *h*

En la actualidad, la letra *h* es la única de nuestro idioma que no representa ningún sonido.
Se escriben con *h*:

• Las palabras que empiezan por los diptongos *ia, ie, ue* y *ui*: *hiato, hierba, hueso, huir*. Excepción: *iatrogénico*.
Las voces en que el diptongo *ue* vaya precedido de vocal se escriben con *h* intercalada: *alcahueta, cacahuete, vihuela*, excepto en el caso de *grauero*.

• Los siguientes elementos compositivos:

— *hecto-* ('cien'), que no hay que confundir con *ecto-* ('por fuera'): *hectolitro, hectárea*;

— *helio-* ('sol'): *heliocentrismo;*
— *hema-, hemato-, hemo-* ('sangre'): *hematoma, hematológico, hemofilia;*
— *hemi-* ('medio, mitad'): *hemisferio;*
— *hepta-* ('siete'): *heptágono;*
— *hetero-* ('otro'): *heterosexual;*
— *hidra-, hidro-* ('agua'): *hidráulico, hidrocultivo;*
— *higro-* ('humedad'): *higrometría;*
— *hiper-* ('superioridad o exceso'): *hiperactivo;*
— *hipo-* ('debajo de o escasez de'): *hipocalórico;*
— *holo-* ('todo'): *holograma;*
— *homeo-* ('semejante o parecido'): *homeopatía;*
— *homo-* ('igual'): *homosexual.*

• Las palabras que empiezan por *histo-, hosp-, hum-, horm-, herm-, hern-, holg-* y *hog-*: *historiador, hospitalizar, humillar, hormonal, hermosura, hernia, holgazanería, hogareño.*

• Todas las formas de los verbos *haber, hacer, hallar, hablar, habitar*: *he, haría, hallaban, hablarás, habitaríamos.*

• Los compuestos y derivados de las voces que contengan la *h*: *gentilhombre* (compuesto de *hombre*); *enharinar* (derivado de *harina*).

• Algunas interjecciones, como *hala, bah,* etc.

Uso de *i, y, ll*

El sonido vocálico *i* puede representarse con las letras *i* (*isla*) o *y* (*ley*). La *i* griega también representa el fonema palatal sonoro de *yegua*.

Letra y

La letra y puede representar dos fonemas: el equivalente al de la letra *i* en palabras como *muy, estoy;* y el fonema palatal sonoro en palabras como *reyes, hoyo.* Se escriben con y:

• La conjunción copulativa *y: blanco y negro, norte y sur, Marta y Javier.* La y se convierte en e cuando la palabra siguiente empieza por *i* o *hi (llegar e interrumpir; padres e hijos),* excepto si forma diptongo *(pienso y hierba; estratosfera y ionosfera).*

• Algunas formas de los verbos *ir* (solo el gerundio), *caer, raer, creer, leer, poseer, proveer* y *sobreseer,* y de los verbos acabados en *-oír* y *-uir: yendo, cayera, rayendo, creyese, leyeras, poseyeren, proveyó, sobreseyó, oyera, diluyeses.*

• Las palabras que contienen la sílaba *-yec-: inyección, proyecto.*

• El plural de las voces terminadas en *y: buey/bueyes, ley/leyes.* Esto ocurre con palabras muy arraigadas; en cambio, si son de reciente introducción, la tendencia es formar el plural añadiendo s y convirtiendo la *y* en *i: jersey/jerséis.*

• Se escribe *y* después de los prefijos *ad-, dis-* y *sub-: adyacencia, disyuntivo, subyugar.*

• Cuando a final de palabra el sonido *i* sigue a una vocal o dos con las que forma diptongo o triptongo, respectivamente, también se escribe *y: hoy, muy, buey, rey, Bombay.* Excepciones: *saharaui, bonsái,* entre otras.

Dígrafo *ll*

El dígrafo *ll* corresponde al fonema palatal sonoro de *lluvia* y *calle*.

Cuando la *ll* se pronuncia como la *y* de *yunque*, nos hallamos ante el fenómeno del yeísmo.

Se escriben con *ll*:

- Las palabras terminadas con los sufijos *-illa* e *-illo*: *tortilla, capilla, cigarrillo, bocadillo*.

- La mayoría de los verbos acabados en *-illar, -ullar* y *-ullir*: *anillar, maullar, zambullir*.

Uso de *m*

La letra *m* es la grafía del fonema nasal labial de *mesa* o *campo*.

Se escribe *m*:

- Antes de *b* y *p*: *ambición, costumbre, amplitud, imperio, desempatar*.

En cambio, antes de *v* siempre se escribe *n*: *convencer, invadir*.

- A principio de palabra, delante de *n*: *mnemotecnia, mnemónica, mnemotécnico*. En estos casos también puede simplificarse la grafía y escribirse *nemotecnia, nemónica, nemotécnico*.

- A final de palabra, en algunos extranjerismos y latinismos: *ultimátum, álbum, currículum, módem*.

Uso de *r* y del dígrafo *rr*

La letra *r* puede representar dos fonemas: el vibrante simple de *pera* y el vibrante múltiple de *rosco*. En cambio, el dígrafo *rr* solo representa el fonema vibrante múltiple de *carro* o *perro*.

Letra *r*

Según la posición en que aparezca, la letra *r* representa:

— el fonema vibrante simple, en posición intervocálica *(cero, barato)*, en posición final de sílaba *(urdir, carpa)* y en los grupos consonánticos *br (brazo), cr (acrílico), dr (cuadrado), fr (fragancia), gr (agradecimiento), kr (kril), pr (inapropiado)* y *tr (atrás);*
— el fonema vibrante múltiple, en posición inicial de palabra *(rabino, ronquido)* y después de una consonante que no pertenece a la misma sílaba *(enredar, israelí).*

Se escribe *r*:

• Cuando el sonido vibrante simple se halla en posición intervocálica o después de *b, c, d, f, g, k, p* y *t: cerezo, alambre, cristiano, ajedrez, África, grieta, krausismo, premio, cuatro.*

• Cuando el sonido vibrante múltiple se halla en posición inicial de palabra: *ratón, relato, rima, roble, rubio.*

• Cuando el sonido vibrante múltiple se halla detrás de una consonante que no pertenece a la misma sílaba: *milrayas, honrado, desratización.*

- Cuando el sonido vibrante se halla en posición final de sílaba: *arco, berlinés, abonar, rumor*.

Dígrafo *rr*

El dígrafo *rr* se usa únicamente en posición intervocálica y solo representa el fonema vibrante múltiple de *barro* o *arroyo*.
Se escribe *rr*:

- Cuando el sonido vibrante múltiple se halla en posición intervocálica: *terraza, barril, carretilla*.

- Cuando el primer formante de una palabra compuesta acaba con vocal y el segundo empieza con *r*, el sonido vibrante múltiple ahora queda en posición intervocálica y, siguiendo la regla anterior, pasa a escribirse *rr*: *biorritmo, manirroto, suprarrenal*.

Uso de *x*

La letra *x* representa diferentes sonidos en función del lugar que ocupe en la palabra:

— en posición intervocálica o a final de palabra representa el grupo consonántico *ks* (o si se pronuncia de forma más relajada, *gs*): *examinar, tórax*;
— en posición inicial de palabra se pronuncia como la s o con un sonido fricativo similar al del inglés *show*: *xilófono*;
— en posición final de sílaba puede pronunciarse s o *ks*: *externo*.

Se escriben con x las palabras que empiezan por:

— los elementos compositivos *xeno-* ('extranjero'), *xero-* ('seco, árido') y *xilo-* ('madera'): *xenofobia, xerografía, xilófono*;
— los prefijos *ex-* ('fuera, más allá' o 'privación') y *extra-* ('fuera de'): *expatriar, exánime, extraescolar, extraterrestre, extrarradio*;
— la sílaba *ex-* seguida del grupo *-pr-*: *expresivo, expropiación*;
— la sílaba *ex-* seguida del grupo *-pl-*, salvo *esplendor* y sus derivados, *espliego, esplín, esplenio, esplénico* y otras voces: *explícito, explosión*.

Confusión entre s y x

climas	plural de *clima*	*clímax*	culminación
contesto	del verbo *contestar*	*contexto*	entorno
escita	natural de Escitia	*excita*	del verbo *excitar*
esotérico	oculto, reservado	*exotérico*	común, accesible, en oposición a *esotérico*
espiar	observar con disimulo	*expiar*	borrar las culpas
espirar	expeler el aire aspirado; exhalar olor un cuerpo	*expirar*	morir
estático	inmóvil, inmutable; relativo a la estática	*extático*	que está en éxtasis
estirpe	linaje	*extirpe*	del verbo *extirpar*
seso	cerebro	*sexo*	condición orgánica
testo	del verbo *testar*	*texto*	escrito

Acentuación

En español todas las palabras tienen acento prosódico, o acento, que es la mayor intensidad (y normalmente también mayor duración y elevación de tono) con que se pronuncia una sílaba dentro de una palabra.

Dentro de una palabra la sílaba que lleva el acento se denomina *tónica* o *acentuada*, mientras que el resto, pronunciado con menor intensidad, son las sílabas átonas o inacentuadas.

Dos palabras pueden distinguirse entre sí por la pronunciación de la sílaba tónica; por ejemplo, *sabia* (adjetivo) y *sabía* (forma verbal).

Como hemos dicho, en nuestra lengua todas las palabras tienen acento prosódico, pero no todas llevan tilde. Se denomina acento gráfico o tilde (´) al signo que marca la posición, dentro de la palabra, del acento prosódico (la tilde se coloca sobre la vocal de la sílaba tónica). El uso del acento gráfico sigue unas reglas específicas que veremos a continuación.

Cabe tener presente en todo momento que en español es obligatorio poner tilde en las mayúsculas cuando así lo exijan las reglas generales de acentuación: Álvaro, Écija, PARÍS, ALMERÍA.

Reglas generales de acentuación

Según el lugar que ocupa la sílaba tónica, las palabras pueden ser:

— agudas: el acento recae sobre la última sílaba; por ejemplo: *señal, marqués, calcetín, pisará*;
— llanas: el acento recae sobre la penúltima sílaba; por ejemplo: *silla, mano, árbol, cajita*;
— esdrújulas: el acento recae sobre la antepenúltima sílaba; por ejemplo: *lágrima, íbamos, préstamo, cánticos, teléfono*;
— sobresdrújulas: el acento recae sobre alguna sílaba anterior a la antepenúltima; por ejemplo: *ofréceselo, requísasela, continuamente*.

Palabras agudas

Las palabras agudas (la sílaba tónica es la última) llevan tilde si terminan en vocal, *-n* o *-s*: *sofá, café, bisturí, dominó, champú, almacén, dragón, mentís, autobús*.

Excepción: si la *-s* final va precedida de consonante (incluida la *n*), la palabra aguda no lleva tilde: *complots, tictacs*. Las palabras agudas acabadas en *y* no llevan tilde: *ley, rey, convoy*.

Palabras llanas

Las palabras llanas (la sílaba tónica es la penúltima) llevan tilde si terminan en cualquier consonante que no sea *-n* o *-s*: *chándal, álbum, césped, cáncer, sílex*.

Excepción: si la -s final va precedida de consonante, la palabra llana sí lleva tilde: *récords, tríceps*.

Las palabras llanas acabadas en *y* sí llevan tilde: *póney, yóquey*.

Palabras esdrújulas y sobresdrújulas

Las palabras esdrújulas (la sílaba tónica es la antepenúltima) y las sobresdrújulas (la sílaba tónica es anterior a la antepenúltima) siempre llevan tilde: *cántaro, ánimo, regímenes, cuéntaselo, tómatela*.

Son una excepción los adverbios acabados en *-mente* (están formados por un adjetivo más el sufijo *-mente*), que solo llevan tilde si el adjetivo del que proceden también la lleva: *abiertamente, próximamente, raramente, últimamente*.

Diptongos

Cuando dos vocales se pronuncian en una sola sílaba nos hallamos ante un diptongo. Se pueden dar las siguientes combinaciones:

— vocal abierta o fuerte *(a, e, o)* + vocal cerrada o débil *(i, u)*: *baile, aula, reina, deuda, boina, estadounidense;*
— vocal cerrada + vocal abierta: *cambia, hierro, Emilio, manual, mueble, promiscuo;*
— vocal cerrada + vocal cerrada: *buitre, viuda*.

Los diptongos llevan tilde, o no, según las reglas generales de acentuación. La tilde se coloca siempre sobre la vocal fuerte *(acuático, miréis, estiércol, diócesis)*; cuando el diptongo está formado por dos vocales cerradas, la tilde se pone sobre la segunda vocal *(acuífero, interviú)*.

La *h* entre vocales no impide la formación del diptongo: *prohibitivo, ahumar*.

Triptongos

Tres vocales juntas constituyen un triptongo cuando se pronuncian en una misma sílaba. Los triptongos siguen la estructura: vocal cerrada *(i, u)* + vocal abierta *(a, e, o)* + vocal cerrada *(i, u)*. Son ejemplos de triptongos *miau, vieira* y *apreciáis*.

Los triptongos llevan tilde según las reglas generales de acentuación, y hay que tener en cuenta que esta siempre se coloca sobre la vocal abierta o fuerte. Así pues, llevan tilde: *cambiáis, adecuéis*; en cambio, no la llevan: *buey, guau*.

Hiatos

Se denomina hiato a la pronunciación en sílabas distintas de dos vocales contiguas. Veamos tres ejemplos: *judía, héroe, deseo*. A efectos de la acentuación gráfica, se consideran hiatos dos vocales abiertas que, en realidad, se pronuncian como un diptongo, como en el caso de *héroe*.

Existen los siguientes tipos de hiato:

— dos vocales iguales: *albahaca, poseer, chiita, zoo, duunviro*;
— vocal abierta + vocal abierta distintas: *teatro, caos*;
— vocal abierta átona + vocal cerrada tónica: *maíz, sonreír*;

— vocal cerrada tónica + vocal abierta átona: *comía, ganzúa*.

Los dos primeros tipos de hiatos (dos vocales iguales o dos vocales abiertas o fuertes) solo llevan tilde si así lo exigen las reglas generales de acentuación, tanto si ambas vocales son átonas como si una de ellas es tónica: *faraónico, camaleón, océano, zoólogo, anchoa, lineal, oasis, cooperar, poeta*.

Los hiatos formados por vocal abierta átona más vocal cerrada tónica, o viceversa, siempre llevan tilde, bien porque así lo exigen las reglas generales de acentuación, bien para indicar la destrucción del diptongo: *maíz, cafeína, egoísta, baúl, noúmeno, alegría, sonríe, albedrío, actúa, evalúe, acentúo*.

Como en el caso del diptongo, la *h* intercalada entre vocales no impide ni facilita la formación del hiato, ni influye en absoluto en que este lleve tilde, o no: *cohibir, cohíbe, vehículo, rehacer*.

Acentuación de los monosílabos

Los monosílabos (palabras de una sola sílaba), como regla general, no llevan tilde: *pan, tres, mil, sol, un, red, bien, dio, fue, no*… Se exceptúan los casos de monosílabos que llevan tilde diacrítica.

Tilde diacrítica

Se recurre a la tilde diacrítica para determinar la diferente categoría gramatical de palabras que tienen la misma forma (homónimas); en realidad, según las reglas de acentuación, estas palabras no tendrían por qué llevar tilde, pero de no ser así, se podrían confundir.

Tilde diacrítica en monosílabos

Palabra	Categoría gramatical	Ejemplo
de	preposición	Viene de París.
	sustantivo (letra)	Su nombre empieza por de.
dé	del verbo dar	¿Quieres que te dé las llaves?
el	artículo	El paquete llegó tarde.
él	pronombre personal	Él me lo dijo.
mas	conjunción adversativa	Iré, mas tendrá que ser mañana.
más	adverbio	Necesitamos más pintura.
	conjunción con valor de suma	Dos más dos son cuatro.
	sustantivo (signo matemático)	No has copiado el más en la suma.
mi	posesivo	Mi hermano no vendrá.
	sustantivo (nota musical)	He desafinado en el mi.
mí	pronombre personal	Me lo dijeron a mí.
se	pronombre personal	Se fue sin decir adiós.
sé	del verbo saber	Sé que vendrás.
	del verbo ser	¡Sé más fuerte!
si	conjunción	Si llamas tan tarde, nadie te abrirá.
	sustantivo (nota musical)	La séptima nota de la escala musical es el si.
sí	pronombre personal	Lo dijo para sí.
	adverbio	Sí, yo lo dije.
	sustantivo (aprobación o asentimiento)	El sí de la novia no se hizo esperar.

Palabra	Categoría gramatical	Ejemplo
te	pronombre personal sustantivo (letra)	Te he llamado dos veces. Di tres palabras que empiecen por te.
té	sustantivo	Me gusta el té frío.
tu	posesivo	Tu foto ha salido borrosa.
tú	pronombre personal	Tú me lo dijiste.

No solo los monosílabos llevan tilde diacrítica. Otras palabras que la utilizan son los demostrativos, los interrogativos y los exclamativos.

Los demostrativos *este, esta, estos, estas, ese, esa, esos, esas* y *aquel, aquella, aquellos* y *aquellas* no llevan tilde cuando funcionan como determinantes del sustantivo al que acompañan: *este perro, esa manzana, aquellos alumnos*. Pero sí deben llevarla cuando, funcionando como pronombres, en la oración haya riesgo de ambigüedad o confusión (solo en este caso). Es lo que ocurre, por ejemplo, en *Marta llamó a ese sabelotodo / Marta llamó a ése sabelotodo*: en el primer caso, ese acompaña a sabelotodo y en el segundo *a ése* es el complemento directo, lo que equivale a decir que fue a ése a quien Marta llamó sabelotodo.

Las formas neutras *esto, eso* y *aquello* nunca llevan tilde.

Tilde diacrítica en interrogativos y exclamativos

Palabra	Categoría gramatical	Ejemplo
donde	adverbio relativo	Lo busqué donde me dijiste.
dónde	adverbio interrogativo o exclamativo	¿Dónde dices que está?

Palabra	Categoría gramatical	Ejemplo
como	adverbio relativo	*Lo haré como pueda.*
cómo	adverbio interrogativo o exclamativo	*Me pregunto cómo lo haré.*
cual	pronombre relativo	*El chico al cual invitaste no apareció.*
cuál	pronombre interrogativo o exclamativo	*¿A cuál de los chicos invitaste?*
cuan	adverbio relativo	*Cayó al suelo cuan largo era.*
cuán	adverbio interrogativo o exclamativo	*¡Cuán largo era el que cayó al suelo!*
cuando	adverbio relativo	*Cuando llegues, podré irme.*
cuándo	adverbio interrogativo o exclamativo	*¡Cuándo llegarás, para poder irme!*
cuanto	adverbio relativo	*Le he dado cuanto tenía.*
cuánto	adverbio interrogativo o exclamativo	*¿Cuánto dinero le has dado?*
que	pronombre relativo	*Le pedí que me lo enseñara.*
qué	pronombre interrogativo o exclamativo	*¿Qué escondes ahí?*
quien	pronombre relativo	*Es esa de quien te hablé.*
quién	pronombre interrogativo o exclamativo	*¿Quién es esa chica?*

Otro caso de tilde diacrítica es el de *solo/sólo*. Esta palabra puede funcionar como adjetivo *(¿Vives solo?)* o como adverbio *(Tengo solo dos dudas)*, y, según las reglas generales de acentuación, no debe llevar tilde. No obstante, cuando el enunciado es ambiguo, es obligatorio poner la tilde en el uso adverbial de la palabra, con el fin de deshacer la ambigüedad: *¿Vienes sólo a verme?* ('únicamente, sin otra finalidad'); si no se pusiera la tilde, *solo* podría entenderse como 'sin compañía'.

Otro caso de tilde diacrítica

aun	incluso, hasta, también	*Todos, aun los más reticentes, tendrán que apuntarse.*
aún	todavía	*Aún es pronto.*

Acentuación de palabras compuestas

Las palabras compuestas, si se escriben juntas, sin guion, se comportan, en cuanto a la acentuación se refiere, como palabras individuales y, por tanto, están sujetas a las reglas generales de acentuación. Así, *puntapié* (de *punta* + *pie*) lleva tilde porque es una palabra aguda terminada en vocal.

Sin embargo, los dos (o más) formantes de una palabra compuesta unidos por guion se consideran de forma individual, de manera que conservan las tildes que les correspondan: *hispano-suizo, teórico-práctico*.

Otra excepción la constituyen los adverbios acabados en *-mente*, que solo llevan tilde si el adjetivo del que derivan también la lleva: *felizmente, prósperamente, continuamente, comúnmente*.

En el caso de las formas verbales a las que se añaden pronombres enclíticos, estas también están sujetas a las reglas generales de acentuación: *dáselo, aléjate, pongámonos, diciéndome*.

Acentuación de latinismos y extranjerismos

A efectos de acentuación, los latinismos (palabras o expresiones del latín que usamos en español) siguen las reglas generales. He aquí algunos ejemplos: *maremágnum, ídem, volavérunt, corpus, accéssit, honoris causa…*

Respecto a los extranjerismos, cabe distinguir entre voces adaptadas a nuestra lengua y voces que todavía no se han adaptado. Así, las primeras seguirán las reglas generales de acentuación del español: *básquet, París, escáner, pedigrí, demodé.* En cambio, las palabras de origen extranjero que se usan en español pero que aún no están adaptadas a la ortografía no seguirán las normas generales de acentuación y, en consecuencia, no llevarán ninguna tilde que no lleven de origen: *fondue, catering, apartheid, best seller.*

Puntuación

Junto a letras y números, en el texto podemos encontrar una serie de marcas gráficas que contribuyen a expresar y entender correctamente el mensaje escrito. En español, estos signos ortográficos se dividen en: signos de puntuación y signos auxiliares. Son los siguientes:

Signos de puntuación
- . punto
- , coma
- ; punto y coma
- : dos puntos
- … puntos suspensivos
- ¿? signos de interrogación
- ¡! signos de exclamación
- () paréntesis
- [ ] corchetes
- — raya
- «» "" '' comillas

Signos auxiliares
- ' apóstrofo
- * asterisco
- / barra
- ¨ diéresis o crema
- - guión
- { } llave
- ´ tilde

Aunque la puntuación de un texto varía en función del estilo del autor, existe una serie de normas básicas que regulan el uso correcto de estos signos y que hay que conocer para evitar ambigüedades, estructurar el texto e intentar reproducir la entonación del lenguaje oral.

Cabe recordar que nunca se deja un espacio en blanco entre el punto, la coma, el punto y coma, los dos puntos y los puntos suspensivos y la palabra precedente, pero sí entre el signo y la palabra siguiente, a no ser que el signo sea de cierre.

En cuanto a los signos dobles (interrogación, exclamación, comillas…), se escriben así: en el caso del signo de apertura, se escribe pegado a la palabra que le sigue, pero separado por un espacio de la palabra precedente; el signo de cierre se escribe pegado a la palabra a la que sigue, pero separado por un espacio de la palabra a la que precede, a no ser que, en lugar de una palabra, lo que siga sea un signo de puntuación. Veamos unos ejemplos:

> *¿Conoces las novedades del sistema informático?, ¿alguien te ha puesto al día?*
>
> *¡Uf!, ¡qué calor hace hoy! Creo que voy a tomar un refresco.*

El punto

El punto señala una pausa larga que marca el final de un enunciado. Existen tres clases de punto:

— el punto y seguido, que separa enunciados dentro de un párrafo. Después del punto y seguido se deja un espacio;
— el punto y aparte, que cierra un párrafo. El primer enunciado del siguiente párrafo se escribe en una línea distinta;

— el punto final, que, como su nombre señala, indica que el texto ha llegado a su fin.

También se escribe punto después de las abreviaturas: *Dr., Dña., pág.*

Combinación del punto con otros signos de puntuación

• Se escribe punto detrás de paréntesis, corchetes, rayas o comillas de cierre:

> *El cuento decía: «Alicia era una niña como todas las demás». (En realidad, Alicia era muy especial). En seguida aparecerá el Conejo Blanco —el personaje que la llevará hasta el País de las Maravillas—.*

• No se escribe punto tras los signos de interrogación y exclamación, excepto si detrás hay paréntesis o comillas de cierre:

> *¡Corre, corre! El tren está a punto de salir.*
>
> *Ha sido Miguel (¡cómo no!).*

No es correcto:

> **¿Ha llegado ya?. ¡Tengo tantas ganas de verla!.*

• No se escribe punto detrás del punto de la abreviatura, si esta acaba el enunciado:

> *Trajo todo lo que necesitábamos: papel, tijeras, colores, etc.*

- Tampoco se escribe punto detrás de los puntos suspensivos.

Han venido todos: Patricia, Ramón, Juan, Ana…

La coma

La coma señala pausas breves dentro de un enunciado. Se usa en los siguientes casos:

- Para delimitar incisos (han de ir enmarcados entre dos comas), que pueden ser:

1. Aposiciones explicativas (amplían el significado de un sustantivo):

Marcos, su nuevo vecino, es muy amable.

2. Adjetivos explicativos u oraciones de relativo explicativas (aportan información complementaria sobre el antecedente). Gracias a las comas, se distinguen claramente de los adjetivos u oraciones especificativos (nunca llevan comas y son imprescindibles para entender el enunciado):

El tren, que salía de la estación, iba con retraso (oración explicativa: añade información sobre el tren).

Nótese el cambio de significado al eliminar las comas:

El tren que salía de la estación iba con retraso (oración especificativa: hace referencia a un tren concreto).

3. Expresiones insertadas en el enunciado que no están vinculadas sintácticamente, comentarios, explicaciones, precisiones…

> *Su hijo, según tengo entendido, piensa dejar los estudios.*
>
> *Los escritos de Martín son, ¡cómo decirlo!, impropios de su edad.*

- Para separar los miembros de una enumeración, excepto los dos últimos si van unidos por *y, e, o, u, ni*:

> *No se encargaron de la música, pero trajeron globos, adornos, sorpresas…*
>
> *Los estados más comunes de la materia son: sólido, líquido y gaseoso.*
>
> *Comprará entradas para el cine, el teatro o el circo.*

- Para separar construcciones gramaticalmente equivalentes dentro del enunciado (si el último va precedido de *y, e, o, u, ni* no se escribe coma, a no ser que tenga distinta categoría gramatical):

> *He ido a la tienda, he cargado con las bolsas y he caminado hasta su casa.*
>
> *Estaba interesada en el ambiente, en el entorno, en el contexto.*
>
> *Llegas tarde, no llamas, vas a la tuya, y encima tengo que poner buena cara…*

- Para enmarcar los vocativos:

> *Julián, tus amigos te esperan en el parque.*
>
> *¿Queréis café, chicas?*
>
> *Me han dicho, joven, que me estaba buscando.*
>
> *No, señor.*

- Para señalar la elisión u omisión del verbo:

> Los jueves comen pescado, y los viernes, pasta.
> Las que esperan para pruebas especiales, por allí.
> Dos por dos, cuatro.

- Las interjecciones se escriben entre comas.

> ¿Marta?, ¡bah!, seguro que no vendrá.

- Delante de los elementos coordinados con *bien…, bien…; ora…, ora…; ya…, ya…* se escribe coma:

> El paquete lo traerrán, bien esta tarde, bien mañana por la mañana.
> Emilia lleva toda la tarde jugando, ora con el trenecito, ora con el avión.
> No creo que cancele la cita, ya porque quiere ver la película, ya porque le gusta tu compañía.

- Es conveniente escribir coma delante de *excepto, salvo, menos:*

> Le gustan todos los géneros, excepto el terrror.
> No escucha los consejos de nadie, salvo los de su abuela.
> He aprobado todas las asignaturas, menos las matemáticas.

- Se escribe coma delante de las proposiciones introducidas por *pero, mas, aunque, sino* (adversativas); *conque, así que, de manera que* (consecutivas); *porque, pues, puesto que, ya que* (causales explicativas), etc.:

> *Ve a la fiesta si eso es lo que quieres, pero atente a las consecuencias.*
>
> *Ha perdido el autobús, así que llegará tarde.*
>
> *Tuve que encargarme yo de las tareas, pues estaban todos fuera.*

• Se escribe coma en la construcción *no solo…, sino (también)…*:

> *Ofrecían el producto no solo a los clientes, sino a todos los que pasaban por allí.*

• Cuando se altera el orden habitual del enunciado, se escribe coma:

> *Si te dan vacaciones este verano, ven a hacerme una visita.*
>
> *Aunque llegues tarde, te esperaremos.*
>
> *Después de cada comida, hay que cepillarse los dientes.*

Pero:

> *Si lo sé no vengo.*
> *En esa calle hay mucho ruido.*

En estos casos, no es necesario poner coma porque los elementos desplazados son muy cortos.

• Van entre comas expresiones que enlazan como *esto es, es decir, a saber, pues bien, en primer lugar, por una/otra parte, en fin, además, con todo, en tal caso, sin embargo, no obstante, en cambio*, etc.:

> *Por lo tanto, las fechas exactas de su estancia en Italia se desconocen.*
>
> *Mario es amable, comprensivo, atento, es decir, un encanto; en cambio, su amigo es un auténtico cafre.*
>
> *Nuestros objetivos son dos: por una parte, conseguir nuevos compradores y, por otra, fidelizar la clientela que ya tenemos.*

• Se escribe coma detrás de *en cuanto a, respecto de, con respecto a, en relación con, con referencia a, a tenor de*, etc.:

> *Respecto a la estructura compositiva, el cuadro resulta muy novedoso.*
>
> *En relación con el tema del día, no tengo nada más que añadir.*

• Para deshacer posibles ambigüedades:

> *Lo he hecho como me dijiste (me dijiste cómo tenía que hacerlo). / Lo he hecho, como me dijiste (me dijiste que lo hiciera).*
>
> *Mientras estuve oyendo la radio, se marchó (aquí mientras funciona como conjunción). / Mientras, estuve oyendo la radio (uso adverbial de mientras).*

• En la datación de cartas, se escribe coma entre el lugar y la fecha:

> *Zaragoza, 21 de marzo de 1999*

• Se escribe coma antes de *etcétera* o *etc.*, y después, si continúa el enunciado:

> *Vendían manzanas, peras, plátanos, etc.*
>
> *Vendían manzanas, peras, plátanos, etc., que tenían un aspecto estupendo.*

Errores en el uso de la coma

• No se escribe coma para separar el sujeto del predicado, salvo si hay un inciso o si el sujeto acaba con la palabra *etcétera* (o su abreviatura):

> *La fotografía que hay en la estantería de mi habitación está a punto de caerse.*
>
> **La fotografía que hay en la estantería de mi habitación, está a punto de caerse.*
>
> *Marta y Javier, mis primos, vendrán a comer el domingo con nosotros.*
>
> *Caperucita, Blancanieves, la Cenicienta, etc., formarán parte del espectáculo.*

• Cuando la conjunción *pero* precede a una oración interrogativa o exclamativa, no se escribe coma:

> *Pero ¿qué más necesitas para decidirte?*
>
> **Pero, ¡qué disparate!*

• No se escribe coma tras el encabezamiento de las cartas, sino dos puntos:

> **Querido Pedro,*
> *Llevo varios días intentando escribir esta carta…*

Debe ser:

> *Querido Pedro:*
> *Llevo varios días intentando escribir esta carta…*

El punto y coma

El punto y coma señala una pausa en el discurso mayor que la marcada por la coma, pero menor que la del punto, y se usa para separar enunciados que guardan más relación entre sí, desde el punto de vista semántico, que la que guardarían si se separasen con punto. Utilizar el punto y coma, en lugar de la coma o el punto, suele ser sobre todo una cuestión relacionada con el criterio y el estilo del autor del texto.

Se utiliza el punto y coma:

• Para separar los distintos miembros de una enumeración que contiene comas:

> *Los aromas del vino se dividen en: primarios, que son los del tipo de uva o la variedad predominante; secundarios, que son los aportados por la fermentación; y terciarios, que se desarrollan durante la crianza y el envejecimiento, y constituyen el buqué.*

Entre el penúltimo y el último elementos, si hay una conjunción, también puede escribirse coma:

> *El lunes recibe clases de natación; el martes, de inglés; el miércoles, de interpretación, y el jueves, de danza clásica.*

• Para separar enunciados que, aunque son sintácticamente independientes, están muy relacionados por el sentido:

> *Han abierto la panadería; vamos a buscar el desayuno.*

• Se escribe punto y coma delante de *pero, mas, aunque, sin embargo, por tanto, por consiguiente*, etc., cuando estos conectores introducen oraciones de extensión considerable:

> La ampliación es moderna; no obstante, algunos elementos recuerdan el contexto histórico.

Los dos puntos

Los dos puntos marcan una pausa en el texto mayor que la coma, pero menor que el punto, y se utilizan para llamar la atención sobre el texto que va a continuación.

Se escriben dos puntos:

- Antes de una enumeración:

> Los requisitos para participar son varios: ser socio del club, tener más de dieciocho años y no haber ganado ningún concurso similar antes.

También puede invertirse el orden del enunciado:

> Comer, dormir y jugar: eso es lo que hace en todo el día.

- Antes de una cita textual, si se reproduce en estilo directo:

> Sartre afirmó: «La felicidad no es hacer lo que uno quiere, sino querer lo que uno hace».

En cambio, en estilo indirecto no se deben usar los dos puntos:

> Sartre afirmó que «la felicidad no es hacer lo que uno quiere, sino querer lo que uno hace».

- Después del saludo en las cartas (en español no debe escribirse coma):

> *Estimado señor:*
>
> *Me complace…*

- En textos jurídicos y administrativos, después del verbo que indica el objetivo del documento:

> *CERTIFICO:*
>
> *Que, según lo estipulado, durante el mes de febrero se han realizado los pagos pactados con la entidad colaboradora.*

- Tras expresiones del tipo *a saber, ahora bien, pues bien, esto es, dicho de otro modo, en otras palabras, más aún…* (también puede escribirse coma, pero entonces no se llama la atención sobre lo que sigue):

> *¿Habéis visto por fin cuál es el problema? Pues bien: ha llegado el momento de solucionarlo.*
>
> *Marta ha decidido encerrarse en su habitación. En otras palabras: no piensa dar su brazo a torcer.*

- A modo de nexo entre oraciones, estableciendo relaciones de varios tipos (causa-efecto, conclusión, consecuencia, explicación…); en ocasiones pueden sustituirse los dos puntos por punto y coma:

> *No escuchó nada de lo que le dije: fue una total pérdida de tiempo (conclusión).*
>
> *He perdido las llaves del coche: no podré ir a recogerte esta tarde (consecuencia).*

La realización es muy fácil: mezclas bien todos los ingredientes y dejas reposar el preparado en la nevera (explicación).

Los puntos suspensivos

Los puntos suspensivos interrumpen la oración o marcan un final impreciso, en suspenso (de ahí, su nombre).
Se escriben puntos suspensivos:

• Al final de enumeraciones incompletas:

Con las ensaladas combinan bien los vinos blancos secos, los rosados jóvenes, los tintos ligeros…

En estos casos los puntos suspensivos tienen el mismo valor que la palabra *etcétera* (o su abreviatura). Hay que optar por escribir uno de los dos elementos, pues utilizar ambos en el mismo enunciado constituye una redundancia:

*Con las ensaladas combinan bien los vinos blancos secos, los rosados jóvenes, los tintos ligeros…, etc.

*Con las ensaladas combinan bien los vinos blancos secos, los rosados jóvenes, los tintos ligeros, etcétera…

• Al final de un enunciado que, voluntariamente, se deja a medias, confiando en que el lector sepa reconstruirlo:

No puedo contarte nada más; además, a buen entendedor…

Cuando el príncipe le puso el zapato de cristal y este encajó perfectamente en su delicado pie, entonces las hermanastras… Imaginas cómo sigue el cuento, ¿verdad?

- Para expresar duda, temor o suspense:

> *No sé si ir o no ir… No sé qué hacer…*
>
> *Quisiera decirte que… Me parece que… ¡Creo que eres un impresentable!*
>
> *Si yo te contara…*

- Para omitir palabras malsonantes que no se quieren reproducir:

> *¡Estoy hasta los… de tanta tontería!*

También se puede escribir la inicial de la voz omitida seguida de puntos suspensivos:

> *¡Me has vuelto a engañar! ¡Eres un hijo de p…!*

- Con la finalidad de dejar el enunciado incompleto y en suspenso:

> *Explicaron una teoría conspiratoria protagonizada por no sé qué personajes…*

- Los puntos suspensivos escritos entre paréntesis (…) o entre corchetes […] indican que en la reproducción de una cita textual se omite una palabra o un fragmento del original (generalmente se prefieren los corchetes a los paréntesis):

> *«En un lugar de la Mancha […], no ha mucho tiempo que vivía un hidalgo de los de lanza en astillero, adarga antigua, rocín flaco y galgo corredor» (Cervantes,* El ingenioso hidalgo Don Quijote de la Mancha*).*

Combinación de los puntos suspensivos con otros signos de puntuación

• Detrás de los puntos suspensivos no se escribe nunca punto, pero sí coma, punto y coma o dos puntos:

> Verde, azul, rojo, amarillo…, ha probado todos los colores, pero no le gusta cómo queda ninguno.
>
> Han llegado los invitados, el maestro de ceremonias, los testigos…; ¡y los novios sin dar señales de vida!
>
> Llamo para decirte que…: ¡estoy embarazada!

• Si el enunciado acaba con una abreviatura, se escriben los puntos suspensivos, de manera que, en total, aparecerán cuatro puntos:

> Entre las abreviaturas más comunes se hallan las siguientes: D., Dña., Dr., Dra.. Sr., Sra.…

• Detrás de un enunciado interrogativo o exclamativo completo se escriben puntos suspensivos:

> ¿Ha dicho que vendrá?… Espero que no.

En cambio, cuando el enunciado no está completo, los puntos suspensivos se escriben delante del signo de cierre:

> ¿Quién ha dicho que…? Mario, tu cara te acaba de delatar.

Los signos de interrogación y de exclamación

Los signos de interrogación y exclamación encierran enunciados interrogativos directos y enunciados exclamativos e interjecciones, respectivamente. Son signos dobles, es decir, se colocan al principio y al final del enunciado (y no solo al final, como se hace en otras lenguas).

Los signos de apertura se colocan donde empieza la interrogación o la exclamación, aunque no coincidan con el principio del enunciado:

En referencia a tu actitud, ¿crees que cambiará en breve?

Cuando apruebes, ¡ven corriendo a celebrarlo!

Después de los signos de cierre no se escribe nunca punto:

¿Quién ha llamado?

*¿Quién ha llamado?.

Si hay varios enunciados interrogativos o exclamativos seguidos y son breves, se pueden considerar:

1. Como oraciones independientes (cada interrogación o exclamación lleva sus propios signos y empieza en mayúsculas):

¿Dónde estás? ¿Vas a volver? ¿Quieres algo de comer?

¡Corre! ¡Ve a buscarla! ¡Te está esperando!

2. Como partes de un solo enunciado (se separan con coma o punto y coma y se emplea la minúscula inicial en cada interrogación o exclamación):

Se dirigió a la anciana y le dijo: ¿cómo está?, ¿necesita ayuda?, ¿quiere compañía?

¡Qué felicidad!; ¡por fin has llegado!; ¡cómo me gusta verte!

A veces se usan los signos de cierre de interrogación o exclamación entre paréntesis, sin los correspondientes signos de apertura: (?), (!). Expresan duda o desconocimiento, el primero, y asombro, el segundo, acompañados, por lo general, de un sentido irónico:

Estoy segura (?) de que no has sido tú.

Sé que has sido tú y estoy muy contenta (!).

También es posible encontrar los dos signos combinados en un mismo enunciado, lo que significa que este es interrogativo y exclamativo a la vez:

¡Cómo podré agradecértelo?

¿Cómo podré agradecértelo!

Es preferible:

¿¡Quién dices que ha venido!?

¡¿Quién dices que ha venido?!

Los paréntesis

Los paréntesis son un signo de puntuación doble con el que se enmarca una explicación, aclaración, información complementaria…, que se intercala dentro del enunciado.

Cabe recordar que el punto siempre se coloca detrás del paréntesis de cierre (no antes):

María acaba de llegar. (Parece que Pedro y ella ya han hecho las paces).

Los paréntesis se utilizan en los siguientes casos:

• Para encerrar incisos, incisos que están menos vinculados sintáctica y semánticamente con el enunciado principal que los que se enmarcan con comas; además, suelen ser largos y tener una puntuación propia:

He llegado tarde y me han robado el bolso (hay días en que más valdría no salir de casa), pero nada va a fastidiar la reunión.

• Para insertar datos, precisiones, explicaciones… de diversa índole: fechas, lugares, traducciones de términos extranjeros, el significado de una sigla, intervalos cronológicos, el nombre del autor de una cita, etc.:

Antonio Machado está enterrado en Colliure (Francia).

La OMS (Organización Mundial de la Salud) ha dado su aprobación para que empiece la fabricación del medicamento.

La Primera Guerra Mundial (1914-1918) es conocida también como la Gran Guerra.

«Cometer un error y no corregirlo es otro error» (Confucio).

• Para indicar que se ha omitido una palabra o un fragmento en la reproducción de una cita textual; en este caso, los paréntesis encierran tres puntos suspensivos:

«Pues sepa Vuestra Merced, ante todas cosas, que a mí me llaman Lázaro de Tormes (…). Mi nacimiento fue dentro del río Tormes, por la cual cosa tomé el sobrenombre» (Anónimo, La vida de Lazarillo de Tormes y de sus fortunas adversidades*).*

• Para señalar las acotaciones o los apartes en obras dramáticas:

> *Princesa. (Poniéndose las gafas de sol). ¡Chicos, a cantar el rap de la buena suerte!*

• Para introducir los diferentes apartados de una enumeración; se utilizan letras o números entre paréntesis o seguidos del paréntesis de cierre (se prefiere esta segunda fórmula):

> *Cuando llegue la multa tendrás que averiguar:*
>
> *(a) Si se puede recurrir.*
>
> *(b) Dónde puedes reclamar.*

O bien:

> *Cuando llegue la multa tendrás que averiguar:*
>
> a) *Si se puede recurrir.*
>
> b) *Dónde puedes reclamar.*

Combinación de los paréntesis con otros signos de puntuación

• Si el enunciado en el que se inserta el texto entre paréntesis demanda algún signo de puntuación, este se coloca después del paréntesis de cierre:

> *Soy experto en comportamientos rebeldes (tengo dos hijos adolescentes), así que si necesitas algún consejo…*

Si, por el contrario, el enunciado en el que se inserta el texto entre paréntesis no demanda ningún signo de puntuación, constituye un error añadirlo (si se suprimiera el texto entre paréntesis, el enunciado no necesitaría ningún signo de puntuación):

*Los papeles que buscas (¡un día perderás la cabeza!), están encima de la mesa.

• El texto entre paréntesis tiene su propia puntuación:

Tu hermana ha encontrado el regalo que tenía escondido para ti y lo ha abierto (¡cómo no!).

Cuando acabe las tareas (concretamente: lavar los platos, poner una lavadora y fregar el suelo), podré ir a pasear con vosotros.

Los corchetes

Los corchetes, que también son un signo de puntuación doble, tienen una función similar a la de los paréntesis, pero su uso no es tan habitual.

Respecto a cómo se combinan con otros signos de puntuación, basta con leer lo dicho para los paréntesis, pues se comportan de manera idéntica.

Los corchetes se utilizan:

• Para insertar información dentro de un enunciado que va entre paréntesis:

El surrealismo (del francés sur ['sobre'] y réalisme ['realismo']) surgió en torno al poeta André Breton.

• Para indicar, en la reproducción de una cita textual, que se ha omitido una palabra o un fragmento del original:

> «Y diciendo esto, y encomendándose de todo corazón a su señora Dulcinea [...], arremetió a todo el galope de Rocinante y embistió con el primer molino que estaba delante» (Cervantes, El ingenioso hidalgo Don Quijote de la Mancha).

• Para insertar, en la transcripción de un texto, cualquier aclaración, nota, explicación…, por parte del transcriptor de la cita, así como para señalar cualquier modificación del texto original:

> «Los habitantes de Ceilán [actual Sri Lanka] beben un té muy fuerte que dulcifican con leche y mucho azúcar. [...] En cuanto a Racine [dramaturgo francés del siglo XVII], es sabido que tomaba un té cada mañana en el desayuno».

• En poesía, cuando no se puede reproducir un verso en una sola línea, porque no cabe, se pone un corchete de apertura delante de las últimas palabras del verso en cuestión, que se alinean a la derecha y van en otra línea.

La raya

La raya, o guión largo, puede tener función de paréntesis (en este caso es un signo doble, con raya de apertura y raya de cierre) o bien un uso singular. No debe confundirse con el guión, más corto (-).

Se utiliza la raya:

• Para encerrar aclaraciones o incisos (el grado de aislamiento del texto entre rayas respecto al enunciado en el que se inserta es menor que si se usasen paréntesis, pero mayor que en el caso de los incisos entre comas):

> *Hugo y Pablo —los hermanos de Raquel— quieren que les ayudes con las matemáticas.*

La raya de cierre siempre debe escribirse, independientemente de cuál sea el signo de puntuación que aparezca detrás:

> *Me ha atendido Ana —la chica más joven—; espero que haya quedado bien.*
>
> *Me ha atendido Ana —la chica más joven—, pero espero que haya quedado bien.*
>
> *Me ha atendido Ana —la chica más joven—.*

• Para insertar un inciso dentro de un enunciado que va entre paréntesis:

> *Toda su familia (sus padres —María y Antonio—, sus hermanas y sus abuelos) me ha llamado para felicitarme por el nacimiento de nuestro hijo.*

• En los diálogos, para marcar el principio de la intervención de cada interlocutor (no se deja espacio entre la raya y el inicio de la intervención):

> *—Estoy muy contento.*
>
> *—Me alegro. ¿Puedo saber el motivo?*
>
> *—Todavía no.*
>
> *—¡Qué misterio!*

• Para enmarcar las intromisiones del narrador en las intervenciones de los personajes.

Si después de la interrupción del narrador no sigue hablando el personaje, no se escribe raya de cierre, pero sí en caso de que la intervención del personaje continúe:

—Cerraré los ojos y contaré hasta diez —dijo Martín antes de darse la vuelta.

—Me gustaría contarte algo —replicó el joven—. ¿Tienes cinco minutos?

En ambos casos, si se precisa poner un signo de puntuación tras la intervención del narrador, se hará después de la raya de cierre:

—¡Espera! —gritó Arturo—; no puedes irte así.

Si el comentario del narrador se introduce con un verbo de habla (*decir, añadir, asegurar, preguntar, exclamar, reponer,* etc.), este comienza por minúscula; en caso de que no sea así, la intervención del personaje ha de terminar en punto y el comentario debe comenzar con mayúscula.

—¡Hasta mañana! —Bajó del autobús y se dirigió rápidamente hacia la cafetería.

• En las citas textuales, para enmarcar los comentarios del que las transcribe:

«Resulta alentador —dijo la profesora— que los consejos no caigan en saco roto».

• Delante de cada uno de los elementos de una enumeración que se escriben en líneas diferentes (hay que dejar un espacio después de la raya):

> *En función de la cantidad de azúcares añadidos, se distinguen los siguientes tipos de espumosos:*
>
> *— brut nature*
>
> *— brut*
>
> *— seco*
>
> *— semiseco*
>
> *— dulce*
>
> *Si el pan resulta demasiado oscuro, quizá se deba a uno de estos motivos:*
>
> *— Se ha empleado una cantidad excesiva de azúcar.*
>
> *— La temperatura del horno era demasiado alta.*
>
> *— Se ha utilizado demasiada sal.*
>
> *— No se ha empleado hielo para vaporizar el horno.*

• Para no repetir un término de una lista (índices, listas alfabéticas…); se escribe al principio de la línea y, como en el caso anterior, se deja un espacio detrás:

> *Comillas*
>
> *— inglesas*
>
> *— latinas*

Las comillas

Las comillas, que son un signo de puntuación doble, en español pueden ser de tres tipos:

— angulares, latinas o españolas (« »);
— inglesas (" ");
— simples (' ').

Generalmente, se usan indistintamente uno u otro tipo de comillas, pero existe una jerarquía establecida en caso de que haya que entrecomillar un fragmento de un texto que ya va entre comillas. El orden sería el siguiente: latinas, inglesas y sencillas. Veamos un ejemplo:

«Marta le dijo: "Llevas una falda muy 'fashion', Mimí"».

Se usan comillas:

• Para reproducir citas textuales.

Elisabeth contestó sin dudar: «No».

Le regañó José: «¡Eres un desastre! Siempre te pasa lo mismo».

El maestro empezó el discurso: «Después de daros las gracias por vuestra asistencia, empezaré diciendo que estoy muy contento con este curso. He conseguido conectar con todos los niños, pero también con vosotros, los padres, y el balance, sin duda, ahora que se acaba el curso, es muy positivo».

• En literatura, para enmarcar los pensamientos de los personajes reproducidos en estilo directo:

«Mañana intentaré que cambie de opinión», pensó Julia.

• Para resaltar una palabra o un fragmento por diferentes motivos: vulgarismos, extranjerismos, uso irónico, impropiedades lingüísticas, etc.:

> *Definitivamente, Jaime es un «amor».*
> *Se ha hecho un «pearcing» en la ceja.*

• Para enmarcar la palabra o expresión que se comenta en el texto (en los textos impresos, si van en redonda, se prefiere usar la cursiva, y viceversa, la redonda si el texto normal va en cursiva):

> *«Corazón» tiene tres sílabas.*
> *El plural de «rey» es «reyes».*

• Para delimitar el título de una obra (como en el caso anterior, si se trata de textos impresos en redonda, se prefiere usar la cursiva, y si el texto general va en cursiva, se recurre a la letra redonda):

> *Con su ópera prima, «La noche más aciaga», ha cautivado a público y crítica.*

• Especialmente en textos de carácter lingüístico, se utilizan las comillas simples para encerrar el significado de un término o expresión:

> *La palabra* mayordomo *procede del latín* maior *('mayor') y* domus *('casa').*

Combinación de las comillas con otros signos de puntuación

• Cuando los signos de puntuación afectan al enunciado en el que se inserta el pasaje entrecomillado, se colocan detrás de las comillas de cierre:

> La pregunta fue: «Estoy loca, ¿verdad?»; entonces Marcos la besó.
>
> ¡Ha dicho, literalmente, «La culpa ha sido mía»!

- Dado que el texto entrecomillado tiene su propia puntuación, se escribirán dentro de las comillas los signos de puntuación que se precisen, salvo el punto, que siempre va detrás de las comillas de cierre, independientemente del signo que haya delante (si lo hay):

> La llamó repetidas veces: «¡Laura, Laura!, ¿dónde te has metido?».
>
> «¡Sube a casa ahora mismo!», gritó desde el balcón.
>
> «Olvida mi número». Dio media vuelta y se marchó.
>
> «Me preguntaba si te apetecería acompañarme… Si no, no pasa nada…; lo entenderé…». Y bajó la mirada esperando su respuesta.

Signos auxiliares

Diéresis o crema

La diéresis se coloca, principalmente, sobre la *u* en *güe* y *güi* para indicar que debe pronunciarse (normalmente esta *u* es muda): *antigüedad, piragüista*.

Guión

El guión (-) suele confundirse con la raya (—), porque ambos son trazos horizontales, pero el guión es mucho más corto que la raya.

El guión se utiliza en los siguientes casos:

- Para separar los formantes de una palabra compuesta: *teórico-práctico, físico-químico*. En el caso de los gentilicios, se escriben sin guión si se consideran consolidados (*norteamericano, hispanoárabe*), y con guión cuando el resultado no se considera una unidad (*germano-belga, luso-japonés*).

- Para dividir las sílabas de una palabra a final de línea (véase el apartado «División de palabras al final de línea»).

- Se escribe guión como nexo entre dos fechas, dos lugares…:

> *El primer trayecto que recorrió el ferrocarril en España fue Barcelona-Mataró.*
>
> *Mozart (1756-1791) es uno de los grandes maestros de la ópera.*

- En obras lingüísticas, se escribe un guión delante o detrás de una parte de la palabra para indicar que esta va en posición final o inicial:

> *Las palabras acabadas en -bundo se escriben con b:* nauseabundo, tremebundo.
>
> *El elemento compositivo geo- significa 'tierra'.*

Si el guión se escribe delante y detrás, significa que el elemento se halla en medio de la palabra:

> *Las palabras que contienen la sílaba -yec- se escriben con y:* inyectar, proyección.

Barra

La barra se utiliza en los siguientes casos:

• Para separar dos versos cuando se escriben a renglón seguido (la barra se pone entre espacios):

> *Con diez cañones por banda, / viento en popa, a toda vela, / no corta el mar, sino vuela / un velero bergantín. / Bajel pirata que llaman, / por su bravura, el Temido, / en todo mar conocido / del uno al otro confín (José de Espronceda,* Canción del pirata*).*

• Con valor de preposición en casos como:

> *La velocidad está limitada a 80 km/h.*
>
> *Cobra un salario bruto de 1200 euros/mes.*

• Como marcador de opciones cuando se escribe entre dos palabras o morfemas:

> *Los alumnos/as podrán acceder a la biblioteca a partir del mes que viene.*

• La barra se utiliza en algunas abreviaturas: *av./* (por *avenida*), *s/f* (por *sin fecha*), *v/* (por *visto*)…

Apóstrofo

Este signo auxiliar no se usa en el español actual, excepto para reproducir nombres propios de otras lenguas en las que sigue vigente, como, por ejemplo, el catalán *(Eugeni d'Ors)*, el inglés *(O'Connor)*, el francés *(D'Orsay)* o el italiano *(Gabriele D'Annunzio)*.

Asterisco

El asterisco se utiliza en los siguientes casos:

- Como llamada de nota; si hay más de una en la misma página, se puede poner hasta un máximo de cuatro asteriscos (en este caso, sin embargo, lo más recomendable es numerar las notas):

> *En Las meninas* el pintor Diego Velázquez** muestra un gran dominio de la técnica de la pincelada.*

- En textos de contenido lingüístico, se antepone a una palabra o enunciado para indicar que son incorrectos:

> **Pero, ¿dónde te has metido?*
> **Me alegra que estéis bien.*

Llaves

Las llaves se utilizan como signo ortográfico doble, para encerrar texto, o bien de forma aislada, en cuadros sinópticos y esquemas, para englobar los diferentes elementos que nacen de un mismo concepto (cada elemento se escribe en una línea).

División de palabras al final de línea

Cuando es necesario dividir una palabra porque no cabe entera al final de la línea, hay que utilizar el guión y seguir determinadas normas:

- La palabra se divide por sílabas, es decir, no pueden separarse las letras que forman una misma sílaba: *ma- / riposa, mari- / posa, maripo- / sa, *mar- / iposa, *marip- / osa.*
Hay una excepción a esta regla: en el caso de las palabras compuestas y las integradas por prefijos, se pueden dividir silabeando (es decir, siguiendo la norma) o bien separando los dos componentes: *rompeca- / bezas, rompe- / cabezas, de- / sigual, des- / igual.*

- No pueden separarse dos o más vocales seguidas, independientemente de que formen diptongo, triptongo o hiato, excepto si se trata de los dos formantes de una palabra compuesta: **mare- / o, *hu- / idizo, *apreci- / áis, *bebí- / a, porta- / aviones.*

- No se puede dejar sola una vocal al principio o al final de la línea, salvo si va precedida de *h*: **e- / vocar, *Lidi- / a, hu- / mano.*

- En el caso de la *h* intercalada, rigen las mismas normas, pero nunca se acepta un resultado «extraño» para el español, como, por ejemplo, que a comienzo de línea quede *rh* (**supe- / rhombre*, que debe dividirse *super- / hombre*) o *nh* (**bie- / nhechor*, que se divide *bien- / hechor*).

- La *x* seguida de una vocal siempre se une a esta última (*ta- / xi*) y seguida de consonante se une a la vocal precedente (*tex- / to*).

- Los dígrafos no se separan: *mu- / cho (*muc- / ho), ca- / lle (*cal- / le), bu- / que (*buq- / ue), gro- / gui (*grog- / ui), ca- / rro (*car- / ro).*

Excepción: si un prefijo acabado en *-r* se une a una palabra que empieza por *r-*, el dígrafo resultante *(rr)* se divide: *super- / realismo*.

• Si las consonantes de un grupo consonántico pertenecen a sílabas distintas, pueden separarse: *abar- / car, en- / tonar, in- / menso*.

• Los grupos formados por una consonante + *l* o *r* no se pueden separar: *abra- / zo (*ab- / razo), reso- / plar (*resop- / lar)*.

• En el caso de que haya tres consonantes seguidas, se separan en dos sílabas, sin olvidar que hay grupos indivisibles, como el de la norma anterior, que siempre inician sílaba, y los formados por *st, ls, ns, rs, ds, bs*, que la cierran. En consecuencia, la separación se hará como en estos ejemplos: *ram- / bla (*ramb- / la), en- / frentar (*enf- / rentar), ren- / glón (*reng- / lón), cons- / pirar (*con- / spirar), abs- / temio (*ab- / stemio)*.

• Si hay cuatro consonantes consecutivas, las dos primeras van en una sílaba y las dos últimas, en la siguiente: *ins- / truir, subs- / traer*.

• Las siglas y las abreviaturas no pueden dividirse.

Mayúsculas

La letra mayúscula tiene mayor tamaño y distinta forma que la minúscula.

Cabe recordar, de nuevo, que las mayúsculas llevan tilde, siempre que así lo exijan las reglas generales de acentuación *(Íñigo, PÉREZ)*.

En el caso de los dígrafos, como *ll* o *ch*, solo se escribe con mayúscula la primera letra: *Charo, Llorente, Guerrera, Guipúzcoa, Quesada, Quintero.*

Palabras o frases enteras en mayúsculas

• Siglas y acrónimos: *ONU, ONCE, RENFE*. Adviértase que las siglas que se han convertido, por el uso, en nombres comunes se escriben con minúsculas; es el caso, entre otras voces, de *ovni, láser* o *sida*.

• Cabeceras de periódicos y revistas, y títulos en las cubiertas y portadas de los libros.

• Números romanos: *Juan Pablo II, Carlos V, año MCMLXXIII.*

Inicial mayúscula

Debido a la puntuación

Se escriben con inicial mayúscula:

• La primera palabra de cualquier texto y la que va después de punto seguido o punto y aparte:

> *Comunicarse, hablar o escribir para que nos entiendan puede resultar fácil; sin embargo…*
>
> *El globo se ha pinchado. Mañana compraremos otro.*

• La primera palabra que va después de dos puntos, cuando se reproducen palabras textuales o tras la fórmula de encabezamiento de una carta:

> *Scarlett O'Hara exclamó: «A Dios pongo por testigo de que nunca volveré a pasar hambre».*
>
> *Querida Inés: Hace tiempo que quería escribirte.*

Pero:

> *Necesitas estas herramientas: martillo, taladradora y lijadora.*

• La primera palabra que va tras los puntos suspensivos, si estos cierran un enunciado:

> *Ya he preparado los entrantes, la ensalada, el guiso… Ahora tengo que pensar en el postre.*

Pero:

> *Marta, Javier, Ester… ¡vinieron todos!*

- La primera palabra que sigue a un signo de cierre de exclamación o interrogación si empieza una oración distinta:

- *¿Cuándo llegarán? Mañana por la tarde.*

Pero:

- *¡Cuidado!, hay un clavo en el suelo.*

Por otros motivos

Se escriben con inicial mayúscula:

- Los nombres propios de animales o cosas: *Babieca, Lassie, Excalibur.*

- Los nombres de pila, los apellidos y los nombres de dinastías: *Juan, Irene, Rodríguez, García, los Estuardo.*

- Los sobrenombres, apodos, pseudónimos y nombres antonomásicos: *Alfonso X el Sabio, el Bosco (Hyeronimus Bosch), Clarín (Leopoldo Alas), el Magnánimo* (en vez de Alfonso V).

- Los topónimos: *Europa, Támesis, Himalaya, Barcelona, Atlántico.*

Si un artículo forma parte del nombre geográfico, también se escribirá con la inicial en mayúsculas: *La Rioja, El Cairo, Las Palmas,* pero *la India* y *el Perú.* Lo mismo ocurre cuando el topónimo está formado por dos nombres; así pues, escribiremos *Ciudad Real* y *Río de Janeiro,* pero *la ciudad de Sevilla* y *el río Guadalquivir.*

- Los nombres de cuerpos celestes: *Marte, el Sistema Solar, la Luna.*

- Los signos del Zodiaco: *Aries* (y *Carnero*), *Libra* (y *Balanza*), *Cáncer* (y *Cangrejo*). Pero: *Marta es sagitario.*

- Los nombres de los puntos cardinales: *La brújula siempre apunta hacia el Norte;* salvo cuando se usan para indicar orientación o se refieren a una zona: *Iremos hacia el norte; En el sur hace sol.*

- Los nombres de festividades: *Semana Santa, Navidad, Día del Trabajo, Puente de la Constitución.*

- Los nombres de divinidades: *Dios, Alá, Ra, Afrodita.*

- Los libros sagrados: *Biblia, Corán.*

- Los atributos referidos a Dios, Jesucristo o la Virgen María: *Todopoderoso, Mesías, Inmaculada.*

- Las órdenes religiosas: *Temple, Císter, Orden de las Escuelas Pías, Compañía de Jesús.*

- Las advocaciones de la Virgen: *Guadalupe, Rocío.* Y las celebraciones a ella dedicadas: *el Pilar, el Rocío.*

- Las marcas comerciales: *Nestlé, Ariel, Peugeot.*

- Los nombres de instituciones y organismos: *Universidad Pontificia de Salamanca, Instituto Nacional de la Seguridad Social, Museo del Prado, Congreso de los Diputados, Audiencia Nacional.*

- Los títulos de obras (solo la inicial de la primera palabra): *El sueño de una noche de verano, La naranja mecánica, El lago de los cisnes, Romancero gitano, El grito, El pensador.*

- La primera palabra de los nombres científicos: *Homo sapiens, Felis catus, Olea europaea.* Y los nombres de los grupos taxonómicos superiores al género (solo en ese contexto): *familia Umbelíferas, orden Roedores.* No obstante, cuando se usan como nombres comunes, van en minúsculas: *El lobo es un cánido; Este agricultor cultiva leguminosas desde hace veinte años.*

- Los nombres de acontecimientos históricos, fechas, épocas...: *Primera Guerra Mundial, Edad Media, la Semana Trágica.* Y de eras geológicas: *Neolítico, Jurásico.*

- Los nombres oficiales de premios, distinciones y eventos culturales o deportivos: *los Goya, el Premio Príncipe de Asturias, Medalla al Mérito en el Trabajo, Exposición Universal, Juegos Olímpicos.*

- Los pronombres *Tú, Ti, Tuyo, Vos, Él, Ella* en referencia a Dios, Jesucristo o la Virgen María, en textos religiosos: *Espero en Ti, Señor.*

- Los nombres de las disciplinas científicas en cuanto materias de estudio: *licenciado en Arquitectura* (pero: *La revista está dirigida a los amantes de la arquitectura y el diseño de interiores*).

- Los nombres de entidades, instituciones, organismos..., con el fin de singularizarlos (pasan a tener consideración de nombre propio): *el Gobierno* (*El Gobierno aprobará la ley en breve*, pero: *Se reunieron en Bruselas los jefes de varios gobiernos europeos*), *el Ejército, la Iglesia*.

- Las abreviaturas de los tratamientos: *Sr. (señor), Dra. (doctora), U. o V. (usted), Illmo. (ilustrísimo)*. Si se escribe la palabra completa, la inicial va en minúscula: *el doctor Fernández, la señora Presidenta*.

Empleo expresivo de la mayúscula

En textos de carácter publicitario (solo en este caso), se recurre a la mayúscula para destacar determinados fragmentos. Y también ocurre lo contrario, es decir, emplear la minúscula allí donde la norma dicta que se use la mayúscula. Podría decirse que se trata de un uso libre que responde a cuestiones estilísticas y expresivas.

Anexos

Palabras que siempre se escriben juntas

abajo
abasto
abecé
acaso
adelante
además
adiós
adrede
alrededor
allegar
anteanoche
anteayer
antebrazo
antecámara
antefirma
antemano
antepecho
anteponer
antesala
antídoto
antifricción
apenas

arriba
asonada
atrás
avemaría
besalamano
besamanos
bienaventurado
bienestar
bienhechor
bienintencionado
bienvenida
conmigo
consigo
contigo
contraalmirante
contrabajo
contrafuerte
contramaestre
contraorden
contrapeso
contrapuesto
contratiempo

correveidile
cumpleaños
damajuana
debajo
delante
detrás
encima
encinta
enhorabuena
entreacto
entredós
entresacar
entresuelo
entretela
entretiempo
entrevista
extremaunción
exvoto
ferrocarril
fotograbado
gentilhombre
guardabarrera
guardabarros
guardacantón
guardacostas
guardafrenos
guardagujas
guardameta
guardamuebles
guardapolvos
guardarropa
guardarruedas
guardatimón

guardavía
hidroavión
huecograbado
limpiabarros
limpiabotas
limpiadientes
limpiaúñas
malcriado
malestar
malintencionado
malpensado
medianoche
mediodía
microfilme
motocicleta
otrosí
paracaídas
pararrayos
pasaporte
pasatiempo
paternóster
pisapapeles
pluscuamperfecto
portaaviones
portacartas
portamonedas
quehacer
quitamanchas
quitasol
radiodifusión
rebote
recámara
remitir

repecho
repisa
repoblación
revuelta
ricahembra
rompeolas
sacacorchos
sacamuelas
saltamontes
salvavidas
salvoconducto
santiamén
semicírculo
sinfín
sinnúmero
sinvergüenza
sobrehumano
sobrescrito
soportal
sordomudo
subalterno
subfusil
subteniente
subterráneo

sujetapapeles
superávit
también
tampoco
taparrabo
tejemaneje
televisor
tirabuzón
tiralíneas
tocadiscos
todavía
trabalenguas
vademécum
vaivén
varapalo
veintiuno
verdinegro
vicealmirante
vicepresidente
vicerrector
vicesecretario
viceversa
zampabollos
zigzag

Palabras que siempre se escriben separadas

a bulto
a cuestas
a deshora
a fuerza de
a medias
a menos que
a menudo
a pesar
a priori
a propósito
a quemarropa
a ratos
a tiempo
a veces
al revés
ante todo
así como
así que
bien que
con tal (de) que
con todo
de balde

de frente
de lado
de noche
de pronto
de repente
de rodillas
de veras
en donde
en efecto
en fin
en medio
en tanto
ex profeso
por demás
por fin
por mayor
por si acaso
por supuesto
por tanto
pues que
recién casado
recién nacido

sin embargo
so pena de
sobre sí
tan solo

tos ferina
vía crucis
visto bueno

Palabras de dudosa ortografía

adarve
adive
adobe
agravio
alcabala
alcabota
alcaraván
algarabía
alholva
aljibe
almíbar
almogávar
almorávide
altivez
anfibio
animadversión
arquivolta
arrabal
arrebolera
arveja
aspaviento
astrolabio

atabaca
atabal
atavío
azabache
azarbe
baqueta
báquico
biela
bienio
bierzo
bifurcado
bravío
brebaje
breviario
bricbarca
cachivache
caníbal
cañaveral
carnaval
cartabón
cenobita
circunvalación

concebir
conchabar
connivencia
contravenir
controvertir
convalecer
convencer
convexo
convicto
convoy
corcovo
cordobán
curvilíneo
chabacano
chaveta
chirivía
chivato
declive
depravación
derviche
desbarajuste
deslavazado
despabilar
desvaído
desván
desvarío
desvelo
desvencijar
desvío
desvirtuar
dovela
endibia
envarar

envase
envés
envite
esbirro
esclavina
eslabón
estrabismo
estribor
exorbitante
extravasarse
extraviar
flébil
gabacho
gabela
galvanizar
garabito
gavia
gavilán
gavota
herbáceo
herboso
hilván
hornabeque
íbice
impávido
ímprobo
inclusive
invectiva
invernáculo
invocar
involucrar
jalbegar
lascivia

malvasía
malvavisco
malversar
maravedí
nérveo
olivarda
pasavante
pebete
perseverante
polivalvo
présbite
recoveco
réprobo
revocar

revólver
ribete
rodaballo
solvente
sorbete
sotavento
talabarte
tergiversar
trivial
trovador
turbio
unívoco
zarabanda
zurribanda

Adjetivos numerales

Numerales cardinales

Cifra	Numeral cardinal	Cifra	Numeral cardinal
0	cero	20	veinte
1	uno	21	veintiuno
2	dos	22	veintidós
3	tres	23	veintitrés
4	cuatro	24	veinticuatro
5	cinco	25	veinticinco
6	seis	26	veintiséis
7	siete	27	veintisiete
8	ocho	28	veintiocho
9	nueve	29	veintinueve
10	diez	30	treinta
11	once	31	treinta y uno
12	doce	32	treinta y dos
13	trece	33	treinta y tres
14	catorce	...	
15	quince	40	cuarenta
16	dieciséis	41	cuarenta y uno
17	diecisiete	...	
18	dieciocho	50	cincuenta
19	diecinueve	51	cincuenta y uno

Cifra	Numeral cardinal	Cifra	Numeral cardinal
...		...	
60	sesenta	1020	mil veinte
70	setenta	1030	mil treinta
80	ochenta	...	
90	noventa	1100	mil cien
100	cien	2000	dos mil
101	ciento uno	3000	tres mil
102	ciento dos	4000	cuatro mil
...		...	
200	doscientos	10 000	diez mil
300	trescientos	11 000	once mil
400	cuatrocientos	12 000	doce mil
500	quinientos	...	
600	seiscientos	20 000	veinte mil
700	setecientos	21 000	veintiún mil
800	ochocientos	...	
900	novecientos	100 000	cien mil
1000	mil	200 000	doscientos mil
1001	mil uno	...	
1002	mil dos	1 000 000	un millón

Numerales ordinales

Arábigo	Romano	Numeral ordinal
1.º (1.ᵉʳ), 1.ª	I	primero (primer), primera
2.º, 2.ª	II	segundo, segunda
3.º (3.ᵉʳ), 3.ª	III	tercero (tercer), tercera
4.º, 4.ª	IV	cuarto, cuarta
5.º, 5.ª	V	quinto, quinta
6.º, 6.ª	VI	sexto, sexta
7.º, 7.ª	VII	séptimo, séptima

Arábigo	*Romano*	*Numeral ordinal*
8.º, 8.ª	VIII	octavo, octava
9.º, 9.ª	IX	noveno, novena
10.º, 10.ª	X	décimo, décima
11.º, 11.ª	XI	undécimo, undécima (también decimoprimero, undécima o décimo primero, décima primera)
12.º, 12.ª	XII	duodécimo, duodécima (también decimosegundo, decimosegunda o décimo segundo, décima segunda)
13.º (13.er), 13.ª	XIII	decimotercero o décimo tercero (decimotercer o décimo tercer), decimotercera o décima tercera
14.º, 14.ª, etc.	XIV	decimocuarto o décimo cuarto, decimocuarta o décima cuarta, etc.
20.º, 20.ª	XX	vigésimo, vigésima
21.º (21.er), 21.ª	XXI	vigesimoprimero o vigésimo primero (vigesimoprimer o vigésimo primer), vigesimoprimera o vigésima primera
22.º, 22.ª, etc.	XXII	vigesimosegundo o vigésimo segundo, vigesimosegunda o vigésima segunda, etc.
28.º, 28.ª	XXVIII	vigesimoctavo o vigésimo octavo, vigesimoctava o vigésima octava
30.º, 30.ª	XXX	trigésimo, trigésima
31.º (31.er), 31.ª, etc.	XXXI	trigésimo primero (trigésimo primer), trigésima primera, etc.

Arábigo	*Romano*	*Numeral ordinal*
40.º	XL	cuadragésimo
50.º	L	quincuagésimo
60.º	LX	sexagésimo
70.º	LXX	septuagésimo
80.º	LXXX	octogésimo
90.º	XC	nonagésimo
100.º	C	centésimo
101.º (101.er), 101.ª	CI	centésimo primero (centésimo primer), centésima primera
120.º, 120.ª	CXX	centésimo vigésimo, centésima vigésima
134.º, 134.ª	CXXXIV	centésimo trigésimo cuarto, centésima trigésima cuarta
200.º	CC	ducentésimo
300.º	CCC	tricentésimo
400.º	CD	cuadringentésimo
500.º	D	quingentésimo
600.º	DC	sexcentésimo
700.º	DCC	septingentésimo
800.º	DCCC	octingentésimo
900.º	CM	noningentésimo
1000.º	M	milésimo
1248.º	MCCXLVIII	milésimo ducentésimo cuadragésimo octavo
2000.º	MM	dosmilésimo
3000.º, etc.	MMM	tresmilésimo, etc.
10 000.º	$\bar{X}$	diezmilésimo
100 000.º	$\bar{C}$	cienmilésimo
500 000.º	$\bar{D}$	quinientosmilésimo
1 000 000.º	$\bar{M}$	millonésimo

Palabras que alteran su significado según se escriban juntas o separadas

abajo: *Ve abajo;* **a bajo:** *Las venden a bajo precio*

acerca de: *Habla acerca de economía;* **a cerca de:** *Convenció a cerca de mil hombres*

acuestas: *Si te acuestas temprano, mejor;* **a cuestas:** *Lo llevé a cuestas*

adiós: *¡Adiós, amigo!;* **a Dios:** *A Dios orando...*

aparte: *Marta es un caso aparte; Colocaré esta fruta aparte; Aparte de esto, no tengo nada más que decir;* **a parte:** *A parte de los presentes no les tocó nada*

apenas: *Apenas comió nada;* **a penas:** *Le condenaron a penas mayores*

asimismo, así mismo: *Es necesario, asimismo, ir allí; Así mismo deberías comportarte tú;* **a sí mismo:** *Por suerte, solo se perjudica a sí mismo*

demás: *Los demás estaban ausentes;* **de más:** *Vámonos, estamos de más*

mediodía: *Solo se trabaja hasta mediodía;* **medio día:** *El viaje duró medio día*

porque: *Lo hago porque es necesario;* **por que:** *Haré lo que pueda por que lo pases bien; Ignoro la razón por que te enfadaste; No te preocupes por que vuelva a pasar*

porqué: *Desconozco el porqué de su comportamiento;* **por qué:** *Tú sabes por qué ha sido*

porvenir: *El porvenir del negocio es incierto;* **por venir:** *Lo mejor está por venir*

quehacer: *Tanto quehacer me atosiga;* **qué hacer:** *Ante aquello, no supe qué hacer*

sinfín: *He organizado un sinfín de viajes;* **sin fin:** *Es una historia sin fin*

sinnúmero: *Ocasionó un sinnúmero de víctimas;* **sin número:** *Habita en una casa sin número*

sino: *No es azul, sino verde; La fuerza del sino;* **si no:** *Si no quieres ir, quédate*

sinrazón: *Pretenderlo es una sinrazón;* **sin razón:** *Le echaron sin razón alguna*

sinsabor: *Tanto sinsabor le tiene en vilo;* **sin sabor:** *Es un mejunje sin sabor ni olor*

sinvergüenza: *Aquel individuo es un sinvergüenza;* **sin vergüenza:** *Lo llevó a cabo sin vergüenza*

también: *El joven también es forastero;* **tan bien:** *Cocina tan bien que da gusto comer*

tampoco: *No sabe nada, ni yo tampoco;* **tan poco:** *Tengo tan poco dinero que no me alcanza*

Homónimos y parónimos

Dos palabras son homónimas cuando tienen la misma forma, pero distinto significado. Algunos lingüistas distinguen entre homófonos (suenan igual, pero se escriben de manera diferente) y homógrafos (se pronuncian y se escriben igual). Los parónimos son palabras muy parecidas fonética y gráficamente, pero de distinto significado.

abalar: agitar, remover; **avalar:** garantizar

abiar: manzanilla loca; **aviar:** preparar, disponer

abeja: insecto; **oveja:** hembra del ganado lanar

abitar: amarrar con bitas; **habitar:** morar, vivir

ablando: del verbo *ablandar*, **hablando:** del verbo *hablar*

abra: ensenada; del verbo *abrir*, **habrá:** del verbo *haber*

abría: del verbo *abrir*, **habría:** del verbo *haber*

abrase: del verbo *abrasar*, **habrase:** del verbo *haber*, **ábrase:** del verbo *abrir*

absolver: perdonar; **absorber:** empapar

absceso: acumulación de pus; **acceso:** entrada, paso

acedera: planta; **hacedera:** factible

acerbo: amargo; **acervo:** montón de cosas menudas, conjunto de bienes

actitud: posición, postura; **aptitud:** preparación, eficiencia

adaptar: acoplar, amoldar; **adoptar:** acoger, tomar

agito: del verbo *agitar*; **ajito:** ajo pequeño

ahí: lugar; **hay:** del verbo *haber*, **¡ay!:** interjección

ala: para volar; **¡hala!:** interjección; **a la:** preposición + artículo

alaba: ensalza; **Álava:** provincia

álaga: trigo; **halaga:** del verbo *halagar*

alambra: del verbo *alambrar*; **Alhambra:** palacio

albino: falto de pigmento; **alvino:** del bajo vientre

aloja: del verbo *alojar*; **alhoja:** alondra

aloque: rojo claro; **haloque:** embarcación

allá: lugar; **halla:** del verbo *hallar*

amo: del verbo *amar*; **amo:** dueño

anega: ahoga; **hanega:** fanega

aprender: instruirse; **aprehender:** prender, detener

aprensión: recelo; **aprehensión:** acto de prender, apoderarse

ara: del verbo *arar*, altar; **hará:** del verbo *hacer*

arca: baúl, caja; **harca:** tropa marroquí

as: campeón; naipe; **has:** del verbo *haber*

asar: tostar; **azar:** casualidad; **azahar:** flor

asta: cuerno; palo de bandera; **hasta:** preposición

ato: del verbo *atar*, **hato:** envoltorio; rebaño

ávido: ansioso; **habido:** del verbo *haber*

aya: niñera; **haya:** del verbo *haber*, árbol; **halla:** del verbo *hallar*

ayes: lamentos; **halles:** encuentres

baca: portaequipaje; **vaca:** hembra del toro

bacante: mujer que participa en bacanales; **vacante:** que está sin ocupar

bacía: vasija para afeitar; **vacía:** sin contenido

bacilo: microbio; **vacilar:** del verbo *vacilar*

baga: soga; **vaga:** ociosa

¡bah!: interjección; **va:** del verbo *ir*

bale: del verbo *balar*; **vale:** documento; del verbo *valer*

balón: pelota; **valón:** belga

bao: barrote de barco; **vaho:** vapor

bario: metal; **vario:** diverso

barita: óxido de bario; **varita:** vara pequeña

barón: título de nobleza; **varón:** hombre

basar: fundamentar; **vasar:** anaquelería para vasos

basca: náusea; **vasca:** del País Vasco

bascular: oscilar; **vascular:** de los vasos sanguíneos

baso: del verbo *basar*; **vaso:** recipiente

basto: burdo; palo de la baraja; **vasto:** extenso

bate: del verbo *batir*; palo con que se juega al béisbol y otros juegos; **vate:** poeta

baya: fruto; **vaya:** del verbo *ir*

bello: hermoso; **vello:** pelo

bidente: de dos dientes; **vidente:** que ve

bienes: patrimonio; **vienes:** del verbo *venir*

binario: dos elementos; **vinario:** relativo al vino

bobina: carrete; **bovina:** relativa al toro o la vaca

bolado: azucarillo; **volado:** del verbo *volar*

bota: calzado; **vota:** del verbo *votar*

braman: del verbo *bramar*; **brahmán:** casta india

cabe: del verbo *caber*; **cave:** del verbo *cavar*

cabo: extremo; grado militar; **cavo:** del verbo *cavar*

calló: del verbo *callar*; **cayó:** del verbo *caer*

callado: silencioso; **cayado:** bastón

combino: del verbo *combinar*; **convino:** del verbo *convenir*

contesto: del verbo *contestar*; **contexto:** entorno

corbeta: embarcación; **corveta:** salto del caballo

corte: residencia real; tajo; **cohorte:** legión

deba: del verbo *deber*; **Deva:** río vasco

desecho: desperdicio; del verbo *desechar*; **deshecho:** del verbo *deshacer*

deshojar: quitar hojas; **desojar:** romper el ojo de un instrumento; esforzar la vista

echo: del verbo *echar*; **hecho:** del verbo *hacer*

embestir: acometer; **envestir:** investir

enebro: arbusto; **enhebro:** del verbo *enhebrar*

errado: equivocado; **herrado:** con herraduras

errar: equivocarse; **herrar:** poner herraduras

esotérico: oculto, reservado; **exotérico:** común, accesible, en oposición a *esotérico*

espiar: observar con disimulo; **expiar:** borrar las culpas

espirar: expeler el aire aspirado; exhalar olor un cuerpo; **expirar:** morir

estático: inmóvil, inmutable; relativo a la estática; **extático:** que está en éxtasis

estirpe: linaje; **extirpe:** del verbo *extirpar*

falla: falta; hoguera valenciana; **faya:** tejido

graba: del verbo *grabar*; **grava:** guijarro; carga

grabar: esculpir; imprimir; registrar imágenes o sonidos; **gravar:** imponer tributos u obligaciones

grabe: del verbo *grabar*; **grave:** serio

hice: del verbo *hacer*; **ice:** del verbo *izar*

hinca: del verbo *hincar*; **inca:** individuo del Imperio incaico

hojear: pasar las hojas de un libro; **ojear:** mirar

honda: profunda; **onda:** ola

hora: tiempo; **ora:** del verbo *orar*; conjunción disyuntiva

hornada: cantidad que se cuece de una vez en el horno; **ornada:** adornada

hoy: día; **oí:** del verbo *oír*

hoya: concavidad; **olla:** vasija

huno: pueblo de Atila; **uno:** unidad

húsar: soldado; **usar:** emplear

hulla: carbón; **huya:** del verbo *huir*

huso: de hilar; **uso:** del verbo *usar*

ley: norma; **leí:** del verbo *leer*

malla: red; **maya:** del verbo *mayar*; pueblo mexicano

mana: del verbo *manar*; **maná:** manjar milagroso

naba: planta vegetal; **nava:** tierra sin árboles y llana

nabal: sembrado de nabos; **naval:** relativo a las naves

ola: onda; **¡hola!:** saludo

orno: del verbo *ornar*; **horno:** aparato para asar

pie: extremidad; **pié:** del verbo *piar*; **píe:** del verbo *piar*

pollo: ave; **poyo:** banco de piedra

pulla: frase hiriente; **puya:** punta de acero

rallar: desmenuzar con el rallador; **rayar:** hacer rayas

rallo: del verbo *rallar*; **rayo:** descarga eléctrica

rebelarse: sublevarse; **revelarse:** manifestarse

revólver: arma; **revolver:** menear

rey: monarca; **reí:** del verbo *reír*

sabia: con sabiduría; **savia:** jugo vegetal; **sabía:** del verbo *saber*

seso: cerebro; **sexo:** condición orgánica

silba: del verbo *silbar*; **silva:** composición poética

sino: hado; conjunción; **si no:** conjunción condicional; adverbio de negación

testo: del verbo *testar*; **texto:** escrito

tubo: cilindro hueco; **tuvo:** del verbo *tener*

vejete: viejo; **vegete:** del verbo *vegetar*

yerro: equivocación; del verbo *errar*; **hierro:** elemento químico

zahína: planta; **zaina:** falsa

www.ingramcontent.com/pod-product-compliance
Lightning Source LLC
Chambersburg PA
CBHW060209050426
42446CB00013B/3033